내 잠 속의 모래산

내 잠 속의 모래산

이장욱 시집

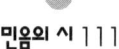

민음의 시 111

민음사

自序

결국 모든 것이 우연이었다고 생각한다.
그러나 단 한 그루의 가로수도 내게 동감을 표시하지 않는다.

황혼녘의 명동성당 앞.
비 오는 거리에 문득 깨어
처음 보는 듯 四方을 두리번거리는 나무 곁에서.

그대, 부디 잘 살자.

차례

自序

1

편집증에 대해 너무 오래 생각하는 나무　13

결국,　14

금홍아 금홍아　16

객관적인 아침　19

로코코식 실내　20

투명인간　22

꽃잎, 꽃잎, 꽃잎　24

여우비, 버드랜드에 내리는　25

절규　26

생각하는 사람　28

감상적인 필름　30

로맨티스트　32

대우 비디오점　34

聖 미아삼거리의 여름　36

아주 오랜 여행　38

모딜리아니와 함께　39

어떤 공포에 대한 나의 자세　40

공릉동의 바람 속으로　42

등나무 아래의 한때　43

편집증 환자가 앉아 있는 광장　44

2

킬러의 사랑   49

이상한 나라   52

이상한 나라의 앨리스   53

삼미 슈퍼스타즈 구장에서   54

삼 분 전의 잠   55

게릴라   56

구토   58

농담   60

유리의 성   62

사라지는 꽃   64

삽화처럼, 聖 페테르부르크에서   65

미행   66

도플갱어   68

너무 흔한 풍경   70

약간 기울어진 액자 속의 센티멘털   72

미도파 백화점을 나와 약 15미터   73

사소한 딜레마   76

지나치게 낙관적인 변신 이야기   78

몽매한 즐거움으로 한 生을   80

내 사랑을 점촌 순이 사랑을   81

3

정주역　85

눈밭에 서 있는 남자　88

정지 화면 속에 부는 바람　90

개인적인 불행　91

바지 입은 구름　92

구름의 전사　94

의심의 여지가 없는 겨울 잎　96

위험한 정물　98

절정　100

리얼리스트　101

녹는 사람　102

낯익은 뒷모습　104

감자에 싹이 나고　105

꽃과 그림자　106

뱀파이어와의 낭만적인 인터뷰　108

폐쇄적 풍경　110

코끼리　112

나뭇잎 사이로　114

상투적　116

호명　118

1

편집증에 대해 너무 오래 생각하는 나무

밤새도록 점멸하는 가로등 곁,
고도 6.5미터의 허공에서 잠시 生長을 멈추고
갸우뚱히 생각에 잠긴 나무.

제 몸을 천천히 기어오르는 벌레의 없는 눈과
없는 눈의 맹목이 바라보는 어두운 하늘에 대하여,
하늘 너머의 어둠 속에서 지금
더 먼 은하를 향해 질주하는 빛들에 대하여,

빛과, 당신과, 가로등 아래 빵 굽는 마을의
불꺼진 진열장에 대하여,
그러므로 안 보이는 중심을 향해 집요하게 흙을 파고 드는
제 몸의 지하에 대하여.

텃새 한 마리가 상한선을 긋고 지나간 새벽 거리에서
너무 오래 생각하는 나무.

결국,

 내가 어느 이상한 날에 그를 지나 그녀를 지나 그대를 지나 내가 어느 이상한 날에 정오를 지나 새벽을 지나 오후 네시를 지나 그리고 어느 이상한 날에 빈 공터와 당구장과 동대문 운동장을 지나 문득 흥겨운 술집의 죽은 친구의 화사한 여자들의 기나긴 과거를 걸어가는 어느 이상한 날에

 어느 이상한 날에 결국 모든 것이 그러했을 것이네 중얼거리는 이상한 날에 잠자리가 타워 라이트 너머 저무는 햇빛 속을 흐릿하게 날아가는 풍경, 저건 뭔가를 단숨에 넘어버린 자의 포즈야 아주 단순한 리듬의 생, 그러므로 어느 이상한 날에 그를 지나 그녀를 지나 그대를 지나 까마득한 플라이 볼을 바라보며 아득해지는 써드베이스맨의 비애를 이해하는 이상한 날에

 이제 기나긴 바람은 낯선 방향으로 불고 나는 은퇴한 복서처럼 하릴없이 걸어가는 이상한 날에 대체로 흐리고 오후 한두 차례 소나기, 그런데 이곳에선 사람들의 표정이 너무 자세히 보여, 자주 울던 가수는 끝내 무서운 침묵 속에 최후를 맞았으나 어느 이상한 날에 그를 지나 그

너를 지나 그대를 지나 문득 저 아득히 이상한 날에는
결국,

금홍아 금홍아*

1

금홍아 금홍아 뒤척이는 건 마음일까 그림자일까 네 품에선 세상 어둠이 환해져 어둠의 흰 뼈들이 바스락거리지 금홍아 금홍아 눈감아야 보이는 것들이 있어 누구나 긴 골목 끝에 집 한 채씩 지어두는데 아, 저 언덕배기 내 헐한 창문은 캄캄히 젖어 있네 책보만한 달빛도 안 드는 꽃무늬 방에서 하루 종일 헌 집 줄게 새 집 다오 헌 집 줄게 새 집 다오 아무리 되뇌어도 나는 한 구의 〈에피그램〉도 못 얻는데, 금홍아 금홍아아 왜 넌 돌아오지 않는 거야?

2

금홍아 금홍아 아침에 눈뜨면 내 몸은 젖은 양말 금홍아 금홍아 머리맡 뒤적이면 딱딱한 방바닥과 재떨이, 담배 연기 올라가는 천장에 피고 지는 누런 꽃잎들과 생각으로 놀고 있으면 어쩐지 금홍아 금홍아 내 오랜 무릉도원 삼십삼번지에 흐르는 화사한 화장품 냄새와 평생을 보내고 싶어 그럴 때나 내 정신은 은화처럼 맑네 위트도 패

러독스도 지금 내겐 없으니 금홍아 금홍아아 꿈은 정말 가위 같아 왜 내 목젖이 서늘할까?

3

감정은 어떤 포우즈 금홍아 금홍아 마당귀 화단에 잘린 벽돌들 녹슬어 고요한 철대문, 어쩌다 딱딱한 것들과 친해졌는지 〈중병에 걸려 누웠으니 얼른 오라〉고 금홍아 금홍아 나는 네게 엽서를 띄우고 싶어 이십세기와 〈짱껭뽕〉을 해서라도 금홍아 금홍아 나는 네 품에 안기고 싶네 하루 종일 내 딱딱한 그림자는 어디 가서 나를 어떻게 하려는 음모에 골몰중인지 다만 나 자신을 위조하는 것이 할 만한 일일 뿐 금홍아 금홍아아 하지만 디테일 때문에 속는다거나 해서야 되겠니?

4

이 맑은 날 금홍아 금홍아 네가 없는 데서 긴 그림자

하나와 저녁을 맞네 빈 곳은 채우려 할수록 자라니까 빈 채로 두고 대문 밖 빈 하늘 바라보면 저것들, 어딘가 떨어지려고 날아가는 솜털 꽃씨들, 굿바이 굿바이 손 흔들며 나도 네게로 가고 싶어 그래도 금홍아 금홍아 너는 노래 부르지 속아도 꿈결 속여도 꿈결 굽이굽이 뜨내기 세상 그늘진 심정에 불질러 버려라 운운…… 그런데 금홍아 금홍아아 꿈은 정말 가위 같아 왜 내 목젖이 서늘할까?

* 금홍이는 시인 이상의 애인이다. 箱(1910-1937)과 나(1968-)의 불편한 관계를 표시하기 위해 그의 소설 「날개」, 「逢別記」, 「終生記」 등에서 몇 구절을 차용했다.

객관적인 아침

객관적인 아침
나와 무관하게 당신이 깨어나고
나와 무관하게 당신은 거리의 어떤 침묵을 떠올리고
침묵과 무관하게 한일병원 창에 기댄 한 사내의 손에서
이제 막 종이 비행기 떠나가고 종이 비행기,
비행기와 무관하게 도덕적으로 완벽한 하늘은
난감한 표정으로 몇 편의 구름, 띄운다.
지금 내 시선 끝의 허공에 걸려
구름을 통과하는 종이 비행기와
종이 비행기를 고요히 통과하는 구름.
이곳에서 모든 것은
단 하나의 소실점으로 완강하게 사라진다.
지금 그대와 나의 시선 바깥, 멸종 위기의 식물이 끝내
허공에 띄운 포자 하나의 무게와
그 무게를 바라보는 태양과의 거리에 대해서라면.
객관적인 아침. 전봇대 꼭대기에
겨우 제 집을 완성한 까치의 눈빛으로 보면
나와 당신은 비행기와 구름 사이에 피고 지는
희미한 풍경 같아서.

로코코식 실내

누군가 문을 두드린다. 그런 순간이 있다.
부엌에는 담담한 벽시계. 정오의 숲을 횡단하는
맹목적인 구름의 한때.
나는 너무 오랫동안 걸어만 다닌 스프린터처럼
천천히 자리에서 일어선다. 평온한 육체 속에서 만나는
낯익은 바람. 나무. 나무. 다시 바람.
일생이 온통 아이덴티티에 관한 격조 높은 희극이야.
서울은행 통장에 남은 이십오만 원의 잔고.
날품 팔 듯 살다 간 자들의 영혼이 북경반점 창문가에서
자장면을 먹고 있네. 다시 바람. 호명.
오늘 내 사소한 하루에 영구 입주한 그대.
그대가 좋아하는 언더그라운드 가수는 지금
오래된 약물의 힘을 몸 안에 느끼고 있어.
어쩔 수 없는 무엇이 치밀어오르는 것, 그러므로
오늘밤의 목표는 아무도 그리워하지 않는 것.
신촌을 걷다 만난 옛 여자는 〈그만두라〉고 말했지.
너는 사소한 자, 거리에서 세계를 유추하지 말라, 고.
바람. 창밖의 나무. 굽은 등으로 나무 곁을 지나가는
19세기 화가. 그의 여자 마리 샬레는 거리의 여자였네.
액자 속에 조용히 걸려 있는 물랭 루주의 음악처럼

구름이 흘러가. 등고선을 따라 천천히 하강하는
로코코식 실내의 오후. 그리고 바람. 호명.
이제야 누군가 문을 두드린다.
그런 순간이 있다.

투명인간

　문득 스스로를 느낄 수 없는 하루가 온다. 세면. 식사. 여자의 전보. 이곳은 아름답군요 언제 서울로 돌아갈지는 모르겠어요. 나는 그대의 소식을 두고 외출한다. 등뒤에서 나의 몫으로 주어진 시간을 폐쇄하는 문. 여기가 문 밖인가? 아무것도 지시하지 않는 사물들. 아무렇게나 아름다운 것들, 가령 담배꽁초. 보도블릭. 초로의 여자가 나누어주는 〈일수돈 씁니다〉.

　어쩌면 몇 편의 죽음만으로 한 시대를 설명할 수 있을는지도 모른다. 종로 2가의 가로수. 종로 1가의 바람. 크로포트킨 공작이 무의미한 세계를 건디지 못해 아나키스트가 되었다는 소문은 사실이 아니다. 광화문의 바람. 가로수. 다시 바람. 정신분석은 지겹다. 십수 년 전 바움테스트에서, 나는 고의로, 부러진 나무를 그렸다. 의사는 치유할 방도를 강구하자고 말했다. 그가 내게 준 것은 僞藥이었다.

　그러므로 아직도 나와 친한 것들은 스스로를 오래 묵인하여 죽어가는 것들이다. 가령 무언가를 향해 필사적으로 도열해 있는 간판들. 시월의 태양 아래 혼자 끓는 육체.

손차양 사이로 문득 햇살이 무심하다. 이순신 상 곁을 날아가는 지중해行 종이 비행기. 생각난다, 이런 순간이 있었다, 그때 나는 불긋한 색종이라도 접어 유장한 강물에 배 한 척 띄웠을는지, 그 배 지금쯤 멕시코 만 어디서 좌초했을는지.

교보빌딩 화장실 변기 위에 달린 자동 감지기. 내가 다가가면 붉은 등을 켜는, 내 유일한 존재 증명. 그대가 서울에 없으니까 죽도록 쓸쓸하다, 돌아오라 돌아오라, 고 나는 전보를 치지 않는다. 거리에 도열한 간판들은 고의로 부러진 나무들처럼 고요하다. 또 위약이군, 중얼거릴 때 내 몸을 가볍게 통과하는 종이 비행기. 아주 조금씩 스스로를 지워가는 사물들과 더불어, 다만 어느 날, 투명한 지중해의 햇빛 속을, 산보라도 할 것.

꽃잎, 꽃잎, 꽃잎

무섭다 결국 그곳엔 아무도 없을 것이다 무섭다 마음이 무섭고 몸이 무섭고 싹 트고 잎 피고 언제나 저절로 흐드러지다가 바람 불어 지는 내 마음속 꽃잎 꽃잎, 그대가 무섭다 나는 너무 오랫동안 하나의 육체로만 살아왔으므로 아주 정교하게 정렬해 있는 하나의 고요한 세상을 지니고 있으니,

무섭다 그러나 나는 나를 이끄는 매혹에 최선을 다해 복종하였으므로 내 고요한 세상에 피고 지는 아름다운 모반을 주시하였다 그대가 처연히 휘날려 내 몸과 마음이 어지러울 때 단 한번도 나는 봄 여름 가을 겨울 흘러가는 나의 사랑을 의심하지 않았으므로 기억을 만나면 기억을 죽이고 불안을 만나면 불안을 죽이고,

그러므로 이제 이 눈과 코와 입과 귀를 막아 새로운 세상을 보게 하시길 그대에게 익숙한 세상으로 나를 인도하여 그대 몸과 마음에 피고 지는 싹과 잎과 꽃이 되게 하시길 너무 오랫동안 하나의 육체로만 살아왔으므로 아주 정교하게 정렬해 있는 이 고요한 세상을 처연히 흩날리도록, 내 몸과 마음의 꽃잎 꽃잎 피고 지는 그곳에 기다리는 이 아무도 없을지라도

여우비, 버드랜드에 내리는

여우비, 내린다. 너무 많은 그림자들이 천천히, 태양을 보기 위해, 키를 늘인다. 그런 날이 있다. 교회 첨탑을 향해 날아가던 비둘기가 문득, 뒤돌아보았다고 느껴지는,

어느 오후. 내 여자의 빈혈 속으로 내리는 비. 내 여자는 수많은 점집을 지나 매일, 내 여자의 바깥에 당도하는데. 걸어오는 내 여자와 내 여자의 우산 위로 내리는 햇빛. 나는 20세기의 돌멩이를 들어, 가벼운 자세로, 허공에 던진다. 돌멩이가 날아가다 문득, 제자리에 멈춘다. 신문 가판대의 사내가 나를 돌아본다. 갸우뚱하는 내 여자. 내 여자의 나른한 시선 끝에, 무표정하게 걸려 있는 돌멩이.

하지만 후회하지는 않는다. 너무 많은 그림자들이 천천히, 태양을 보기 위해, 키를 늘인다. 버드랜드의 불꺼진 네온은 묵묵히 젖어간다. 카페의 차양이 만든 그림자 바깥으로, 내 몸의 어둠이 이루는 저 오후의 갈망. 길 저편에서 누군가 성호를 긋는다. 걸어오는 내 여자의 우산 위로 내리는 햇빛. 그리고 나는 차양 밑 그림자, 그리고 여우비 속에 서 있는 남자.

절규

모든 것은 등뒤에 있다.

몇 개의 그림자, 그리고
거리의 나무들은 침묵을 지키거나 아무도
알아차릴 수 없을 만큼만 몸을 떨었다.
곧 네거리에 서 있는 거대한 주유소를 지나야
할 테지만 나는 아무래도 기나긴 페이브먼트,
이 낯선 거리의 새벽 공기가 다만 불안하였다.
천천히 붉은 구름이 하늘을 흐르기 시작했으며
흐릿한 전화 부스에는 이미 술 취한 사내들
어디론가 가망 없는 통화를 날리며 한량없었으므로
나는 길 끝에 눈을 둔 채 오 분 후의 세계를
다만 생각할 수 있을 뿐. 어느 단단한 담 안쪽
으로부터 흘러나오는, 믿을 수 없는 고음역의
레퀴엠, 등뒤를 따라오는 몇 개의 어두운
그림자, 쉽게 부러지는 이 거리의
난간들, 나는 온힘을 다해 아주 오래된 멜로디를
떠올렸으나 네거리의 저 거대한 주유소,
그리고 붉은 불빛의 편의점 앞에서
결국 뒤돌아보게 되리라, 결국 뒤돌아

보는 그 순간 나는 어떤 눈빛을 지니게 될는지
두 손으로 두 귀를 막고 어떻게
소리 없는 비명을 지를는지
다만 몇 개의 그림자, 그리고

등뒤의 세계.

생각하는 사람

어두운 골목을 지난 적 있다. 어떤 생각이 나를 사로잡아, 나는 더 이상 걸을 수 없었다. 어쩌면 여행중이었던 거야. 아니 맥주를 사러 가게로.

무참히 늙어가던 사내 하나가 무너져 있는 담 아래. 결국 동어반복일 뿐. 나는 약간 어긋나 있는 골목 끝을 바라본다. 나는 여행중이었던 거야. 아니 맥주를 사러 가게로.

언젠가 나는 이 골목을 떠올렸던 적이 있었지, 봄꽃의 어깨뼈 한쪽이 소리 없이 내려앉는 밤에. 조금씩 비가 듣는 골목, 나는 거대한 돌을 들어 누운 사내를 향해. 나는 여행중이었던 거야. 아니 맥주를 사러 가게로.

부디 정확하게 겨냥할 수 있다면. 어쩌면 나는 여행 중, 아니 맥주를 사러 어디론가. 이 골목에 하염없이 비는 내리고, 나는 중력을 나누어 가진 빗방울들을 연구라도 하는 듯이. 저기, 처음부터 行不이었던 세계. 아예 형체가 남지 않도록.

나는 물론 문득 돌아설 수 있으리, 망명하는 바람을 좇아. 어쩌면 여행중이었던 거야. 아니 맥주를 사러 가게로. 그런데 어두운 골목을 나는 떠날 수 없네, 나는 돌을 든 채, 어떤 생각이 나를 사로잡아,

감상적인 필름

1 X-Ray

사기 치지 말라, 高手는 그냥 느낀다, 그대 생을 증거하는 단 하나의 표식은, 그대의 육체이다,
라고 선언하는 한 장의 흉흉한 사진 앞. 사진 속의 험산유곡. 김내과 진료실에서 멍하니 바라보는 내 검은 흉부.

2 X-Ray

이곳의 일기는 불안정하다. 적막한 오후의 渡江. 덜컹이는 음률 속에 여의도가 떠 있다. 내 사소한 절망이 저 섬의 정치경제학과 무관하다는 사실은 나를 안심시킨다. 고인 물, 고요한 오후. 어제는 대부풍의 영화를 보았는데, 이상하지 그 어떤 장엄한 최후에 대해서도 나는 희희낙락했을 뿐. 내 정치적 상상력이 오후 네시의 누아르를 닮아간다는 사실을 무심히 깨닫는 나날. 곧 어두운 구름이 몰려오겠지만, 한없이 사사로운 바람이 부는 날에만 내 죽은 여자의 사진은 깊다. 고인 물, 오후 네시.

3 X-Ray

 내겐 악기가 없었다. 어쩌면 수화를 배웠어야 했네. 끓는 물, 인생이 몽땅 통과의례뿐이군. 원래 알고 있었잖어? 지극히 단순한 자세로 통과하는 이 길 끝의 사진 한 장이 나를 규정한다. 고무다라이 안의 깊은 물 앞에 공포에 찬 눈으로 서 있는, 지 발가벗은 세 살의 유년. 나는 아직도 끓는 물에 발가락을 대어보는 정지 포즈로 저렇게 서 있다. 마음의 수면에 피어오르는 이상한 기체. 어두운 비, 천천히 쏟아진다. 남모르게 일렁이는 생후 삼십 년의 육신.

4 X-Ray

 언젠가 일생의 네가 필름이 환히 드러나는 날을 맞을 것이다. 고백은 지겹다, 모든 고백은 거짓이다,
 라고 선언하는 한 장의 어두운 사진 앞. 검은 리본을 두르고 유일하게 일생을 증거하는 그 눈빛이, 나를 바라본다. 無心하다.

로맨티스트

나는 밤과 어둠을 넘어 아침으로.
12월의 바람이 거리를 지나가는 어느 시간에.
저물어가는 어머니 오늘도 내 깊은 밤에 쌀 씻으시네.
오늘 구름은 무효야. 저 견고한 바람을 보아. 견고한
바람 속을 지나 연하장은 날아오지.
나는 어느덧 겨울-나무에서 봄-나무에로.
겨울꽃과 봄꽃의 머나먼 거리 사이에. 나는
어제 본 늙은 사내를 다시 만나는 술집.
술집 창밖으로는 다시 흘러가지 않는 여자.
나는 셔터가 단단히 내려진 상가를 바라보네.
단 한번도 제 온몸으로 나무인 적이 없는 나무.
나무 사이에 걸려 펄럭이는 바람. 플래카드. 바람.
축. 신장 개업. 동해 횟집. 광어 이만오천 원.
나는 단애를 지나 하류로. 하류를
흘러흘러 근해로. 다시 저 머나먼 바다로. 이봐,
오늘 외신 봤어? 결국 공화당 후보가 당선되었다는군.
늙은 사내의 고독도 곧 지루해지고 바람은
다시 흘러가지 않는 여자의 거리를 점령하지.
나는 겨울-나무에서 봄-나무에로.
밤과 어둠을 넘어 아침으로. 12월의 바람은

정치적이야, 사람들의 표정을 보라구.
표정 없이 견고한 바람을 건너가는 견고한 사내들.
사내들을 어디론가 이끄는 바람, 바람 뒤의 바람벽.
세상에서 가장 낭만적인 건 고양이가 아닐까?
고양이의 털을 보아. 주위의 공기에 민감하게 반응하는,
저, 저, 바람을 타고 가는 낭만적인 고양이를 보아.
하나의 벽을 넘어 또다른 벽으로
하나의 어둠을 지나 또다른 어둠으로
어느 풍경의 겨울에서 다른 풍경의 겨울로.
저기, 꿈속의 어머니 12월의 바람을 건너가시네.
그녀는 오늘도 낭만적인 고양이와 함께
저 머나먼 내일에 쌀 씻으시네.

대우 비디오점

 겨울비 내릴 때, 몹시 습한 바람이 지나갈 때, 그때마다 반드시, 그는 사랑하는 여자에게 기나긴 편지를 쓴다. 붉은 우체통이 젖어가는 거리군요. 그대 목숨 위에도 비는 내립니까. 어두운 구름은, 어두운 구름은,

 아스팔트 위를 지나 느리게 흘러가고, 흘러가지만, 흘러가면서, 내리는 비. 내리는 빗속을 걸어 그는 반드시, 대우 비디오점 앞에 닿는다. 이곳에선 지는 해 머나먼데요, 바람의 뼈마디가 탁탁, 온몸에 부딪는데요, 중얼거릴 때마다,

 그가 무심히 중얼거릴 때마다, 시베리아의 설원을 무심히 통과하는 횡단 열차. 열차는 반드시 生의 끝을 달리지만, 그 끝에 위태롭게 매달린 그는 결코 아름다운 설원을 기억하지 않는다. 그렇군,

 어쩔 수 없는 것을 향해 방아쇠를 당겨선 안 된다. 그리고 저 흔들리는 시야 너머, 어쩔 수 없이 또다른 비구름은 다가오는 것이다. 붉은 우체통이 젖어가는 거리, 그리고 비구름 아래서,

약간의 슬픔을 느끼며 연인을 살해하는 주인공. 오늘도 겨울비, 내리는군요. 내리는 빗속에 그대는 안녕하신지요. 오늘도 그는, 몹시 습한 바람 속을 걸어 대우 비디오점 앞에 닿는다.

그때마다 반드시, 그때마다 반드시, 저 넓은 그랜드캐년을 향한 절벽 쪽으로, 전속력으로 달려가는 검은 자동차. 바람의 뼈마디가 탁탁, 온몸에 부딪는,

聖 미아삼거리의 여름

햇빛, 표정 없이 흩어진다.

어쩐지 이 거리의 건물들이 모두 성당으로 보여.

이 생에서 저 생으로 가볍게 건너가는, 화양리행 19번 버스 앞에 그림자만으로 바리케이트 치는,

저것들, 저것들이 나는 무섭다. 저 무념무상의 화상들. 지나온 것들이 모두 지난날이라니.

어제 아침엔 한 남자, 미아삼거리를 빨가벗고 횡단하였다. 후퇴하라, 후퇴하라, 모오두 후퇴하라.

흰 내의를 백기처럼 흔들며 그 남자, 햇빛 창창한 대로를 질주하였다. 몇 명의 경관이 몽둥이를 흔들며 그를 따랐다.

차창 밖을 흐르는 聖畵.

가장 완벽한 것은, 가장 무의미한 것이다.

무의미함으로써만, 완벽한 세계. 의미 이전에, 행동하고 싶은 거야 이해해? 하지만 여자는 무표정하게 고개를 흔들었다.

지난밤, 나는 완벽을 가장했던 것이다. 나는 숨겨온 열등감을 노출했다.

미아삼거리는 완벽하다.

햇빛 창창한 거리의 성당들 사이로 나의 걸음은 단호하다. 뿌리만으로 숨을 쉬는 나무들. 이건 묵계야, 이건 음모야, 나는 결론처럼 담배를 던진다. 아주 깊은 곳에서 천천히 떠오르는 목소리. 타, 탈출하라, 탈출하라, 모오두 탈출하라!

화양리행 남자 하나, 문득 빨가벗고, 흰 내의를 백기처럼 흔들며, 미아삼거리를 횡단한다. 몇 명의 경관이 몽둥이를 흔들며 나를 따른다. 무심히 聖畵를 바라보는 사람들.

미아삼거리는 완벽하다. 완벽한 것은 아름답다.

햇빛, 내 웃는 얼굴 위로 한량없이 쏟아지는.

아주 오랜 여행

나는 언젠가 이곳에 와본 적이 있다 이름을 알 수 없는 교차로 먼저 흘러가는 오토바이 몇 대 너무 많은 헤드라이트들이 정거한다 신호등 우회도로 그리고 젖은 보도블록에 눈을 두고 지나가는 긴 머리 여자 하나 내가 내내 꿈꾼 것은 어이없는 객사였다 그것만이 나를 완성할 것이다 상점들 가로등 정류장 끝내 돌아가지 못할 곳은 없다 아니 돌아갈 수 있는 곳은 없다 주유소에서는 휘발유를 주유하고 실비 식당에서는 밥과 국을 내오는 것이다 나는 모든 것이 사라졌으리라고 아니 모든 것이 변하지 않았으리라고 생각했다 다만 선량한 나날들이었기를 선량한 나날들이었기를…… 그러므로 내가 내내 꿈꾼 것은 어이없는 객사였다 그것만이 나를 완성할 것이다 내 몸의 빈곳으로 빗줄기는 하염없는데 저만치 간 긴 머리 여자 하나 이제야 뒤를 돌아본다 우리의 눈이 마주치는 짧은 순간에 상점들 가로등 정류장 아주 오래된 바람이 함께 정거한다 우두커니 선 등뒤로 무언가 찾으며 흘러가는 써치라이트 그녀는 조용히 돌아서 제 갈 길 간다 그렇다 나는 언젠가 이곳에 와본 적이 있다 나는 언젠가 이곳에 와본 적이

모딜리아니와 함께

바람이 불었어요 오늘은 낯선 여자를 만나고 싶었어요
당신에 관한 긴 꿈속에 안개가 자욱했구요
영등포 스카이라인 위로 갈색 물감의 햇빛, 햇빛이
달력 속처럼 걸려 있었는데요 조간 신문의 잉크 향기
십구 세기 소설에 관한 지루한 독서
등등은 취소되었구요 바람만 불었어요 바람만 천천히
흐르던데요 저 멀고 먼지 덮인 화면 속으로
도화지 같은 구름, 오늘은 다른 생을 건너가는데요
하지만 6회 말의 프로야구와 모딜리아니의 신비에 대해
당신께 기나긴 편지를 쓰고 싶어요 정말이지
여기까지 오기 위해서라면 단 몇 장의 추억이면
되는데요 이제 제 시야가 가 닿는 소실점 끝에서
색종이 같은 태양은 갸우뚱한 표정으로
저녁 산 너머 지구요 지구본 위에 그려진 해변에는
지친 파도가 천천히 멀어져 가겠지요
무성 영화 속으로 당신과 끝나지 않는 계단을 올라가면
그곳에 복음처럼 붉은 햇빛, 햇빛 내릴까요
얘기해 주세요 당신,
바람이 불었어요 오늘은 낯선 여자를

어떤 공포에 대한 나의 자세

구더기 무서워 장 못 담그랴, 라고 누군가 말했다, 정말이지 누군가, 구더기 무서워 장 못 담그랴, 라고 말했다, 구더기 무서워, 라고, 장 못 담그랴, 라고, 정말이지,

나는 구더기가 무섭다, 구더기를 무서워하지 않는 자들에 대한 혐오 때문에, 정말이지 한때는, 테레비도 보고 싶지 않았다,

그 테레비는 금성사 제품이었지만, 아주 오래전에 버려졌으며, 지금은 아무도 상상할 수 없는 세계로 가고 없다, 그렇다, 아무도 상상할 수 없는 세계란 건, 그렇게 존재하는 것이다,

그때는 정말이지, 누군가 갑자기, 전쟁이다아, 하고 소리치면 모두들 미친 듯이, 가령 경기관총이라도 들고 거리로 뛰쳐나올 것처럼, 무시무시했다, 그런 시절에,

구더기와 더불어 최후를 맞는 종족을 상상하다가 잠이 들면, 이상한 소리가 들렸다, 그렇지, 이상한, 소리, 아주 오래된 추억에 대해서라고 생각하지만, 반드시 그런

것도 아닌, 내가 뒤집어쓴 이불 바깥으로, 이상한,

 있다, 없다, 보인다, 보이지 않는다, 그립다, 무섭다, 아니다, 누군가, 전쟁이다, 누군가, 사랑이다, 아니다, 낭하, 미만한, 무엇인가, 가득한

 꿈일 뿐이었겠지만, 헛꿈일 뿐이었겠지만, 중얼거림, 중얼거림뿐인 이상한 꿈에서 깨어나 보면 정말이지, 나는 다시 구더기가 무서워졌다, 구더기를 무서워하자는 캠페인을 벌일 생각까지 했으나,

 나는 소심했다, 무엇보다, 겁이 많았다, 이불을 뒤집어쓰고 속을 끓였다, 전쟁도, 사랑도, 나는 무서워했으므로, 이제 와서, 구더기를, 무서워하자고는……

공릉동의 바람 속으로
—— 코끼리군의 엽서

 그렇지. 나는 어쩌면 모든 일을 예견하고 있었는지도, 혹시 모른다. 행복할 리도 황폐할 리도 없는 바람들이 애초에 공릉동의 주민이었는지도, 혹시 모르지. 이곳에서 모든 빛들은 현재형으로 명멸한다. 너무 상투적인가? 하지만 그때 한 마리 늑대가, 월계동 쪽의 불빛 속으로 천천히 사라지는 것을 나는 보았다. 문득 망망한 비가 내렸는지도, 혹시 모르지. 그의 마른 등을 향해 몇 장의 낡은 신문이 날아들었는지도.

 명멸하는 것들에 관해서라면 내게도 할말이 있는지, 혹시 모른다. 그때 나는 걷고 있었지만, 맹세컨대 가늠할 수 없는 증오 따위는 없었지. 불빛과 물빛 사이로 흘러가는 한 마리 늑대를 향해 외치고 싶었을 뿐. 배회하지 말라. 배회하지 말라. 너무 주제 넘은가? 하지만 노래는 깊고 울울하다. 다만 늑대가 도시를 배회한다는 게 이상했을 뿐. 도대체 한 마리 늑대의 정갈한 보폭이 그토록 아름다울 수 있다는 것은.

등나무 아래의 한때

　내가 만난 女子는 한 女子, 그 女子는 바람 불듯 흘러가는 종이봉지. 내가 만난 女子는 단 한 女子, 그 女子는 바람 부는 수유리에 스며 흔적 없는 그날, 오후의 쓸쓸한 빗물.

　생은 다른 곳에. 가령 수유리 수유 시장 입구 수유 분식집 앞을 지나는 오후 세시의 바람. 바람 속을 지나는 저녁 일곱시의 또다른 바람. 내리는 어둠과, 더불어 펄럭이는 단 한 순간의 골목을 지나가는 아주 오랜 여행 속에서,

　내가 만난 여자는 한 女子, 수유리 수유 시장 입구 수유 분식집 앞을 무심한 얼굴로 지나던 단 한 女子, 그 女子는 오후 세시의 바람과 저녁 일곱시의 또다른 바람을 지나는 그날, 오후의 우연한 빗물.

　그 女子 바라보며 등나무 아래 앉아 있는 새벽인데, 새벽을 지우며 점점이 내리는 비, 나는 바람이 태어나는 바람의 고향을 생각하여 어이없는 한때에 고여 있네. 어이없이 등나무 아래의 한때를 흘러가는 어느 다른 생의 女子, 저기 저 다른 생의, 단 한 女子

편집증 환자가 앉아 있는 광장

> 당신이 당신 자신을 증언하고 있으니
> 그것은 참된 증언이 못 됩니다.
> (「요한」 8 : 21)

헛것이 취할 수 있는 가장 경건한 자세로 소나기, 내린다. 문득 허공에 그어지는 사선 사이, 황혼의 시청 앞을 있는 힘을 다해 달려가는 사람들. 지나가라 지나가라 가능한 한 빨리 지나가라. 견딜 수 없이 느린 속도로 생애 너머를 지나는 구름. 물론,

누구나 제 삶을 의심하지 않기 위해 최선을 다하는 것이다. 가던 길을 가기 위해 문득 유턴하는 관광 버스. 지금 당신이 나를 의심하듯, 나도 나를 의심한다. 한 여자가 머나먼 골목을 나와 의아한 표정으로 길 끝을 바라본다. 헛것이 취할 수 있는 가장 경건한 자세로,

비 내린다. 새한빌딩의 가장 아래 계단에 앉아 광장을 바라본다. 깜빡깜빡 졸며 회상하는 일생. 이쯤이면 괜찮을 것이다, 이쯤이면 괜찮을 것이다, 라고 생각한 적도

있었다. 혹은 집도 길도 아닌 오후의 술청에 들어 죽은 애인과 술 한 잔 하는 꿈. 우리를 위한 비,

  내린다. 저것은 헛것이 취할 수 있는 가장 경건한 자세이다. 그러므로 당신은 지하도 계단을 내려가며 굽 높은 신발을 고쳐 신는 것이다. 나는 시선을 돌려 잠시 하늘을 바라본다. 뒤돌아보는 자들에 대한 혐오. 그러므로 지나가라, 가능한 한 빨리 지나가라. 내가 나를 의심하는 만큼의 집요한 자세로, 구름을 향해 날아가는 광장의 비둘기. 비에 젖는 날개.

2

킬러의 사랑

1

 언제나 알리바이는 없다. 창밖에 내리는 달빛 속에 자작나무가 밝다. 하지만 잠은 왜 몸으로만 오고 마음으론 안 올까. 멋진 라이플을 갖고 싶어. 새벽의 달빛. 한때 내 영혼이 사라진 유행가로 가득했던 적이 있었지. 그때는 몇 대의 경찰차들이 사이렌을 울리며 밤거리를 폭주하고 있었다. 창밖으로 사이렌, 사이렌. 내리는 달빛.

 내리는 달빛. 나는 가방 속에 죽은 자의 노래를 넣어 다니던 시절을 생각했을까. 나를 키운 건 결국 콤플렉스였어, 타락한 햇빛 속으로 부는 모래 바람, 따위의 구절은 지금도 기억한다. 알리바이 따위는 아무래도 좋다. 잠을 잘 수 있다면. 몇 겹의 시간 속으로 사이렌, 사이렌. 내리는 달빛.

2

 전생 같다. 오래된 사진들은. 그러나 거울 속의 당신은 어느 생의 얼굴인가. 어디선가 적의로 가득한 음악이 들려오는 새벽. 면도기의 칼날이 제 몸을 감출 수 있는 것은 그가 무서운 속도로 돌고 있기 때문이다. 그러므로 내가 혐오하는 것은 결국 평생을 후회하는 자들이지. 뺨을 스치는 보이지 않는 칼날. 언제나 알리바이는 없다. 하지만 누군가 내게 음악을 틀어줄 수 있을까.

   내 사랑의 음악. 자작나무는 달빛을 잃고 고요하다. 모든 무덤이 제의를 필요로 하듯, 나는 달그락거리는 수저와 식기들에 대한 경배를 위해 긴 아침을 보낸다. 이런 아침에 끝끝내 버릴 수 없는 것이 있을까. 하지만 누군가 내 사랑의 음악을 틀어줄 수 있을까. 나의 귀, 오래도록 적의를 감추고 있는 사람들의 저 무심한 구두 소리, 그리고 나의 귀.

3

   먼 곳에 부는 바람. 거리엔 새로운 플래카드가 나부낀다. 언젠가 나는 석간 신문 1면에서 웃고 있는 늙은 정치가의 눈을 노려보기도 했을까. 몇 개의 전단이 흩날리고 흘러가는 보라색 버스와 거기 매달린 여자의 흰 허벅지를 나는 보았을까. 기나긴 바람의 회랑을 걷는 오후, 언제나 알리바이는 없다. 먼 곳에 부는 바람.

 먼 곳에 부는 바람. 노을이 내릴 때까지 어두운 가방 안의 명부를 나는 뒤적인다. 명부 속의 유일한 표적, 나의 이름은 무한히 긴 미로이다. 다시 그 복도에 울리는 구두 소리, 그러므로 내 초조한 발은 텅 빈 거리에 버려졌던 것일까. 그리고 그곳에서 침묵하는 늙은 개의 눈을 만났던 것일까. 먼 곳에 부는 바람. 다시 내리는 달빛. 내 사랑의 음악. 내 생은 결국 무한한 침묵을 찾아간다. 그것이 단 하나의 알리바이를 찾아내기 위해서라니.

이상한 나라

　당신에게 아주 오래된 이야기를 해줄게. 아주 오래된 이야기 속의 당신. 하지만 당신 속의 아주 오래된 이야기. 이야기는 힘겨워서 밤눈 내리는 월계동 언덕길은 아득하던 그 이상한 겨울. 겨울의 길섶 어딘가 나는 이곳에 있고 당신은 그곳에 있으며 그곳과 이곳 사이가 자욱해서 두 그루 전신주로만 위태롭던 산동네. 두 그루 전신주는 아름답고 밤눈은 내리고 녹슨 제 땅에서 제 어둠을 파내려갔으므로 단 한번도 송신할 생애를 갖지 못한 그 오래된 이야기.

　당신에게 아주 오래된 이야기를 해줄게. 이야기는 언제나 끝이어서야 시작하는 이상한 나라. 그 나라의 당신. 하지만 당신 속의 아주 오래된 이야기. 겨울의 길섶 어딘가 나는 이곳에 있고 당신은 그곳에 있으며 그곳과 이곳 사이가 자욱해서 두 그루 전신주 같던 이야기. 다시 두 그루 전신주는 아름답고 밤눈은 내리지만 아, 문득 당신이 없고서야 시작할 수 있는 아주 오래된 이야기. 이야기는 문득 끝이어서야 시작할 수 있는 이상한 나라. 당신에게 이제 아주 오래된 이야기를 해줄게. 정말로.

이상한 나라의 앨리스

눈을 뜨면, 문득 머나먼 나날을 지난 어느 날 같은. 눈을 뜨면, 그 어느 날의 어둠에 내 흰 몸 부드럽게 저며드는. 눈을 뜨면, 어느덧 나는 그 무심한 어둠 속 그대가 쓰는 물글씨처럼.

물글씨처럼, 두 그루의 전신주와 두 알의 갓등이 만드는 두 개의 둥근 세계 사이에서 뜻 없이 웃어보기도, 그래, 그래 보기도 하는. 물글씨처럼, 한번도 지나본 일이 없는 곳을 지나듯이 밤눈 내리는 언덕을 한량없이 오르는 겨울의 길섶 어딘가. 물글씨처럼, 아무리 멀리 돌아가도 그대를 피하지 못하는 이 이상한 나라에서.

나는 두 그루의 전신주 나는 두 알의 갓등 나는 두 개의 그 둥근 세계를 향해 힘껏, 돌팔매질도 해보았던 것인데. 그러나 다시 눈을 뜨면 문득 머나먼 나날을 지난 어느 날 같은. 눈을 뜨면 아직도 나는 이상한 나라에 갇힌 앨리스처럼. 그대 아주 오래된 이야기 속에서.

삼미 슈퍼스타즈 구장에서

그때 야구장에는 비가 내리고 있었다.
아주 오랫동안

나는 내리는 비를,
내리는 비를,
내리는 비를,
혼자 바라보고 있었다.

이상한 삶이라고
생각했던 것 같다.

삼 분 전의 잠

용서를 빌러 그곳에 갔네 발밑으로 흘러내리는 모래들 내 잠 속에 쌓이고 있었네 삼 분 전의 잠에서 깨어 삼 일 전의 잠을 추억하는 자 삼 일 전의 잠에서 깨어 삼 년 전의 잠을 추억하는 자

그때 그 오래된 눈빛은 우연한 것이었으나 아, 이런 바람은 괜찮은데, 모든 우연을 우리는 미리 알고 있었네 삼 년 전의 문 열리고 삼십 년 전의 그대, 마른 등 보이네 눈뜨면 그때인 듯 상한 눈발 날리고 모래처럼 우연한 노래들 내 잠 깊은 모래산, 모래산에 쌓이네

용서를 빌러 그곳에 갔네 그곳에 오래 앉아 있었으나 깔깔한 모래들 아직도 내 잠 속 떠나지 않네 삼 분 전의 잠에서 깨어 삼 일 전의 기슭을 배회하는 자 삼 일 전의 잠에서 깨어 삼 년 전의 독백을 기억하는 자 그리고 모래산 바람 부는 그대의 모래산

게릴라

어쩌면 곧 눈이 내릴 것이다.
다시 폭설 속으로 발목을 빠뜨리며 걸어갈 수 있다면.
누군가 한량없이 그곳에 서 있었던 듯
아파트의 창문들은 오랜 침묵에 젖어 있다.
그리고 다시 습한 안개가 거슬러 올라오는 비탈,
나는 몸을 기울여 먼 곳의 소리를 듣는다.
서서히 젖어드는 추위, 그때 내 입술은
이제 그만두고 싶다, 고 중얼거렸던가 혹은
죽어가는 어머니의 표정은 아름다웠어 그런데
눈은 내리지 않았지, 였던가

누군가 지나갔다고 생각하여 숨죽여 돌아보면
아주 오래전에 불던 바람이 거기 있다.
소실점 근처의 가로등 하나가 조용히 꺼진다.
메마른 어둠이 내 몸을 통과해 가는 동안
나는 몇 통의 편지를 떠올린다.
너무 희미한 어깨를 지닌 연인이었던가,
아니 옛친구였는지도 모르지, 하지만

어떤 완고한 집착이 나를 이렇게 만들었다고는

생각하지 않는다. 다만 이 나른한 긴장과 더불어
서서히 다가오는 공포를 향해 검은 총신을 겨눌 뿐.
그 경우 전방의 어둠은 지나치게 익숙하다. 아직
외곽 도로의 노란 선들은 사방으로 흩어져 있으나
곧 짙은 안개가 도시를 감쌀 것이다.
비탈의 추위, 나는 어떤 신호를 기다린다.
그리고 죽어가는 어머니의 표정은 아름다웠지,
라고 나는 중얼거릴 것이다. 소실점 근처의 가로등처럼,
누군가 저 끝 바람 속에 깜빡인다.

구토

비척이며 유리로부터의 도주를 생각했을 것이었다. 아무것도 작위되지 않으며, 그렇다고 무작위도 아니며, 살아 있는 듯하지도 않지만 죽어 있는 것도 또 아닌 듯한, 이 고장의 살벌스러운 아늑함에 대해 나는 지치고 넌더리를(『죽음의 한 연구』. 집 앞 여자 중학교의 아이들이 유리창에 대롱대롱 매달려 햇빛을 닦고 있다. 눈부셔. 나는 커튼을 신경질적으로 친다. 1987. 22. August. 11: 55)**나서 돌아가는 길에, 그 사내는 울고 있었읍지. 이를 갈며 울고 있었읍지. 패배감은 몇 배로 더해진 것이었읍지. 저 질투와, 저 적대감은 어째서 시작되었는진**(『죽음의……』 밥 먹구 자라, 어머니 말씀. 나의 성모는 마늘 한 접을 싸게 샀다고 중얼거리신다. 비 오는 동두천에 가고 싶다. 시외버스 터미널의 가장 너절한 길바닥에서 다시 서울행 차편을 기다리는, 17: 50)**상흔이 가시지 않은 이태리에 네오리얼리즘의 뿌리는 그렇게도 깊었지만 미켈란젤로 안토니오니의 반발 성향은 네오리얼리즘 영화에 대한 무관심으로**(저녁은 늘 미리 와 있다. 산책할 때마다의 발병. 나는 〈센치〉해진다. 복덕방을 지나면서, 매일 그곳에서 피고 지는 흑싸리 국진 피들을 본다. 운명과 더불어, 노닐고 싶다. 하지만 넌 벌써 그 운명에 낑겨버렸지? 수유리엘 가면 술을 마실 수 있을 것이다. 20시 정각)**나는 간다. 몽롱하다. 결정을 할 수가**

없다. 내가 재주가 있다는 것이 확실하다면……. 그러나 절대로, 절대로 나는 그런 종류의 것을, 역사에 관한 논문은 쓰지 않았다. 그렇다. 앞으로도 안 쓰겠다. 한 권의 책. 한 권의 소설. 그 소설을 읽고 다음과 같이 말하는 사람이 있으리라. 그것을 쓴 사람은 앙트완느 로캉탱이다. 그는 카페에 빈들빈들 다니던 머리털이 붉은 놈이었다, 라고(현기증. 글자 위를 떠도는 유령들. 그런데 뭔가 자꾸 치밀어오르는군. 개새끼. 나는 『구토』를 베개맡에 던진다. 시간을 알 수 없는 새벽).

농담

햇빛이 빛나네. 햇빛은 빛나네. 빛나는 햇빛.
저 촘촘히 꽂히는 칼날 사이. 그 사이로 천천히, 나뭇잎.
저건 高手군, 빈 곳으로만 스며드는
저 유연한 자세 좀 보아.
나는 손차양을 만들어 가장 작은 그늘 속으로.
그 그늘 안에서 천천히 말이 없어져 가던 여자도 있었네.
이 명백한 현세 속으로 가끔씩
후미등을 깜빡이며 사라지는 자동차들. 나의 즐거움처럼
나의 침묵도 지극히 단순한 구조를 지니고 있다는 것을
그때도 알고 있었지. 예컨대,
가장 작은 그늘 속으로 점점이 번져오는 시선처럼.
문득 당신의 흰 뼈가 환히 보일 때가 있어요.
흰 뼈 어딘가 가장 어두운 곳에서 자라는 칼날 역시.
우리는 어떤 집요한 상념을 피하기 위해
햇살 아래 나무 그늘로. 그곳에 가볍게 낙하하는 나뭇잎,
그 완벽한 세계 앞에 우리는 중세의 사제처럼.
기율에 따라 예법을 관장하고 이단을 처벌하는 수도사,
밤이면 온몸이 젖어 간구하는 자, 그리고 다시 햇빛.

우리의 어깨를 사선으로 횡단하는 칼날들.
이렇게 되기 위해 걸어온 것은 물론 아니었어.
우리는 손차양을 만들어 가장 작은 그늘 속으로.
나는 낯선 여자의 얼굴을 오래 바라본다.
햇빛이 빛나네. 햇빛은 빛나네. 빛나는 햇빛,
저 촘촘한 칼날 사이. 그 사이로 천천히, 나뭇잎.

유리의 성

 그 남자가 사는 곳은 유리의 성, 유리의 성에 햇빛 따뜻한 날 그 남자, 유리 성벽 아래 앉아 유리의 책을 뒤적이지 양철 같은 산 너머 저편으로만 흘러가는 유리 구름, 언제나 그렇듯 그때도, 대체로 견딜 만했었다고 생각하네 그때도 유리 구름 아래를 지나는 풍경들, 가령 와글와글 골목을 뛰어가는 유리의 아이들과 종점에 서서 몰래 우는 유리의 여자 그리고 여자 곁에 숨죽여 벋은 유리의 나무들이 있었을 뿐

 다시 유리 구름 곁에 피고 지는 풍경들 속으로 그 남자, 천천히 걸어들어가지 가을의 햇살 아래 문득 깨어지는 유리의 아이들 유리의 사내들, 그는 무언가 말하고 싶었으나 너무 쉽게 부서지는 종점의 여자, 이제 유리 바람이 칼끝처럼 흩날리는 거리에서 그 남자, 금간 안경을 겨우 고쳐 쓸 뿐이지 아무것도 생각지 말라 아무것도 생각지 말라, 할말은 그것뿐이다,˚라고

 그렇지, 나는 아무것도 대적하지 않는 구름, 유리의 남자는 너무 얇아 투명한 제 몸을 무심히 어루만지지 이제 곧 깨어질 듯한 손목과 손가락 위로 그 남자, 아주 희미

하지만 붉어 흐르는 실개천 바라보지 그 물결 위로 반짝이며 내려앉는 유리 햇빛이 있었으나 아직 그 남자가 사는 곳은 유리의 성, 오늘도 바람은 불고 대체로 견딜 만하네 그러니까 가령, 아무것도 생각지 않는 가을날일 뿐

* 〈아무것도 생각지 말라 아무것도 생각지 말라, 할말은 그것뿐이다.〉: 수피의 가르침.

사라지는 꽃

꽃은 사라진다 사라지는 것으로서 꽃은,
햇살의 내부에서 잊혀진 어둠에 대하여,
지하의 부러진 뼈들에 대하여,
생각하지 않는다 사라지는 것으로서 꽃은,
오직 사라짐에 대하여 생각함으로써 꽃은,
단단한 화분과 난분분한 들판을 구분하지 않으며 꽃은,
풍향계가 가리키는 방향으로 끝없이 몰려가는 바람을
결코 바라보지 않는 것이다 그리하여 꽃은,
불타 오르거나 흐느끼지 않음으로써 꽃은,
15층 베란다에 서서 까마득한 지상을 가늠하는 자와
그 흐린 눈을 마주치지 않음으로써 꽃은,
오로지 나무일 뿐인 무서운 나무들 사이에서
아직도 견고한 자세를 유지하는 것이다 꽃은,
저기 저렇게 사라져가는
꽃은,

삽화처럼, 聖 페테르부르크에서

　聖 페테르부르크에 눈은 내리고 눈은 聖 페테르부르크의 내게도 내리고 내리는 눈 속으로 굶어서 죽은 시인은 빈 술병을 흔들며 흘러가고 흘러가는 그의 흔들리는 등쪽으로 聖 페테르부르크의 저녁은 자욱하고 자욱한 네바 강변에 죽치고 앉아 죽은 시인은 낚시질이나 하고 죽은 그의 낚싯대 곁에 나는 쭈그려 앉기나 하고

　모든 것은 삽화였다가 모든 것은 삽화가 아니었다가 죽은 시인은 聖 페테르부르크를 흘러가다가 흘러간 시인은 후미진 방안에서 마른 흑빵 씹고 하늘 한번 보다가 술 한 모금 축이고 하늘 한번 보다가…… 생각난 듯 내게도 한 모금 권하다가 낡은 라디오의 유행가에 맞춰 춤이라도 추다가 낡은 라디오는 흘러간 혁명을 추억이라도 하다가

　부디 죽은 시인과의 건배를, 그러나 모든 것은 삽화였다가 모든 것은 삽화가 아니었다가 자작나무가 삽화처럼 고여 있는 聖 페테르부르크의 저 눈 내리는 풍경 속에 아직도 우리는 더러운 삽화처럼

미행

아주 오랫동안 우리는 바람에 대해 말하지 않았다
아주 오랫동안 우리는 심리적인 착란에 대해
착란과 사랑에 대해 말하지 않았다 우리는 오랫동안
완벽하게 깊이를 잃은 눈빛에 대해 말하지 않았으며
완벽하게 우리는 불안에 대해 말하지 않았으며
다시 우리는 불안한 혁명가의 새벽 거리에 대해
그의 의처증에 대해 새벽 창가와 의아한 구름에 대해
말하지 않았다 그러니까 우리는 오랫동안 말하지 않았다
이윽고 견딜 수 없어 이제 막
어떤 미래를 예감하는 자의 서늘한 여름에 대해,
그는 결국 그를 지울 수 있을까 혹은,
이 숨죽인 네거리에서 그의 죽음을 발견할 수 있을까
따위에 대해서도 우리는 침묵을 지켰던 것이다 간혹,
북한강의 수면에 머물러 잠시 생각에 잠긴 햇빛에 대해
물위에 지어져 일생을 떠도는 저녁의 풍경들에 대해
말할 수도 있었을 테지만,
우리는 술과 장미의 나날이었으므로
술과 장미의 나날이었으므로 우리는
오랫동안 바람 불고 우리는,
그윽한 착란 속에서 우리는,

우리는 완벽하게 아름다운 침묵과 함께 그를,
그의 뒤를 밟고 있는 것이다 이 서늘한 여름에

도플갱어

곧 끝날 것이다.
서늘한 여름이지.
누군가 내 목을, 내 목을 노리면서
청계천에서 시청으로
시청에서 정동으로
정동에서 종로로 종로에서 하염없이
뒤를 좇고 있네.
서늘한 여름이지.
누군가 내 목을, 내 목을 노리면서
후두엽 부근에 차가운 칼등을 대고 따라오는 여름.
종로의 당신은 이 서늘함에 대하여
일상적 공포의 비유, 라고는
부디 생각하지 말아주시길.
물론 서늘한 여름이지.
그리하여 혹시 당신은 보실는지
청계천과 시청과 정동과
정동과 그리고 종로에서 하염없이
걷다가 문득 목이 잘린 남자.
남자의 푸른 목에 관한 신문 기사.
물론 서늘한 여름이지.

그의 생이 통과하는 이 한량없는 납량 특집.
당신은 통과 제의, 라고는 이름 붙이지 마시길.
그 공포에 관하여 당신은 우연히
사회면 하단의 단신 기사로 읽으시겠지만
나는 또 당신과 만나 우연히
안녕, 하고 말하겠지만.

너무 흔한 풍경

　어디든 나를 중심으로 돌고 있는 밤의 천체가 있지 길 바깥의 구부러진 나무들 실편백을 적시는 새벽비 너무 흔한 최면 속으로 한 여자의 부드러운 등이 흘러갔을까 하지만 생각나지 않네 돌아오지 않기 위해 내가 치를 수 있는 무엇이, 더 있었을 것이다

　하지만 생각나지 않네 이것이 나의 리듬이었던가, 생각나지 않네 너무 많은 질문들에 관해 나는 대답하지 않는다 내가 생각했던 것은 다만 한 여자의 부드러운 등 그리고 다른 삶을 지나가는 다른 표정들이 얼마나 선량할 수 있는가, 따위

　하지만 길 바깥의 구부러진 가로수, 실편백을 적시는 새벽비들이 있는 너무 흔한 풍경 속으로, 나는 돌아올 수 있을 뿐 나는 위대한 마임으로 일생을 지나가고 싶었는지도 모르지 문득 오랜 시간이 흘러 스스로를 위장하는 몇 가지 방법만을 배웠으니 나는 다만 내부가 있는 말의 위태로움을 이해할 수 있을 뿐

　언제나 피해야 할 것을 피하지 못하네 하지만 너무 흔

한 최면처럼 아직도 나를 중심으로 돌고 있는 하늘이, 너무 흔한 최면처럼 실편백에 내리는 빗물이, 다시 나를 이끈다는 것 돌아온다는 것은 얼마나 상투적인가 돌아오지 않기 위해 내가 치를 수 있는 무엇이, 더 있었을 것이다 하지만 생각나지 않네 다만 한 여자의 부드러운 등, 실편백을 적시는 새벽비

약간 기울어진 액자 속의 센티멘털

멀리 보이는 밤의 창가.
알루미늄 새시가 세팅하는 자정의 센티멘털.

아주 흰 얼굴의 여자와 아주 흰 손의 내가
18층 난간에 기댄 포즈로 이쪽을 바라보는 풍경.

약간 기울어진 밤의 아파트,
공중에 걸려 깜빡이는 구름의 실내.

미도파 백화점을 나와 약 15미터

1

아지랑이, 바람이 쓸어가는 저 나른한 수평선
내가 왜 이곳에 있을까, 아니 여기는 어딜까 나는
미도파 백화점을 나와 약간 어지러워 고개를 저었으므로
지중해, 혹은 푸에르토 에스콘디도에
당도한 것일까, 먼데 하늘을 가르는 갈매기

갈매기 저 갈매기, 끼룩끼룩 울며 나 여기 왔으니
그대는 한 통 편지라도 써주겠지, 지중해
혹은 푸에르토 에스콘디도는 평화로워
그대도 끼룩끼룩 울며 이곳으로 날아오라고
나는 답장을 쓰겠지, 그런데 여기는, 여기는 어딜까

2

여기는 어딜까, 해변에 앉아 저무는 물빛을 보네
바람에 나부끼듯 필사적일 수 있었다면
그곳을 떠나진 않았을 거야, 아지랑이

아지랑이 같은 사랑에 나는 너무 오래 속아왔네
오늘밤엔 먼바다의 오징어떼가 꿈꾸듯 밀려올 텐데

어느덧 나는 멀어져 가는 파도 쪽으로 달려가
찢어진 그물을 빠져나가는 오징어떼 오징어떼
바라보겠네 지중해, 혹은 푸에르토 에스콘디도의 밤,
나는 푸릇푸릇 웃으며 중얼거리네 그런데 여기는,
여기는 도대체 어딜까

3

이건 블랙 코미디야, 누군가의 웃음이 먼 해안에 머무는
지중해, 혹은 푸에르토 에스콘디도의 밤은 흘러만 가네
너무 멀리 떠나온 걸까, 해변의 모래들 우우
노래하는 지중해, 혹은 푸에르토 에스콘디도의 밤
오징어떼는 떠나고 나는 천천히 그물을 거두네

하지만 그대 꿈을 꿀 수 있을까 새벽이 올 때까지
끼룩끼룩 울며 혼자 모래밭을 헤매었으니

단 한 통의 편지도 나는 띄우지 못했던 것이네, 지중해
혹은 푸에르토 에스콘디도의 밤은 흘러만 가지
그런데 여기는, 여기는 도대체 어딜까

사소한 딜레마

언제나처럼 해답은 지극히 간단한 데서 온다.

타조가 날지 못하는 이유는, 몸이 너무 무겁다는 것. 열대의 황혼 쪽으로 한없이 날아가는 것들을, 날아가는 것들을, 날아가는 것들을,

물끄러미 바라보고 있는 타조.

딜레마는 이런 것이다.

15층 아파트 창틀에 끼여 가볍게 죽어 있는 잠자리. 텅 비어 마른 날개. 어느 오후 쓰레빠를 끌고 동네 언덕을 내려갈 때마다,

그때마다 인수봉에 내리는 황혼 쪽으로 날아가는 것들을, 날아가는 것들을, 날아가는 것들을,

물끄러미 바라보는 고양이. 요즘은 아무때나 끔찍해져요. 퉁퉁 불어버린 생의 부기를 확인시키는, 이 야릇한 관음.

나는 풍경을 등지고 제 집으로 터벅터벅 돌아오는 타조처럼. 하지만 어이없이 돌아가지지 않는 집. 열쇠를 안에 두고 열리지 않는 문, 한량없이 두드리는 저녁.

이 삶은 코믹한가, 트래직한가. 언제나처럼 해답은 지

극히 간단한 데서 온다. 다만,
 더듬이만으로 일생을 기어가는 벌레, 벌레의 황홀한 무늬 위로 가득한, 가득한, 가득한, 노을.

지나치게 낙관적인 변신 이야기

내 얼굴이 안경을 찾아 쓰고 천천히 단단해지는 아침, 창밖 가로수의 애벌레는 마침내 나비가 된다. 내 발이 엘리베이터 앞에서 도무지 움직여지지 않을 때, 멀리 인수봉 암벽에 가파른 바람 한 줄기 지나간다. 내 몸이 기어나가 어느 사립 대학 담 아래를 걷고 있을 때, 아주 먼 항성에서 드디어, 천천히, 지상에 도착하는 빛.

그 순간에 나는 지나치게 낙관적인 변신에 대해 생각한 것이다. 가령 나는 바위틈으로 화사하게 일렁이는 산철쭉. 절벽에 사선으로 그어진 그 가지 아래서 막 처음 편제 날개에 놀란 호랑나비. 그러므로 나는 햇빛 속에 눈감고 최초의 바람을 느끼는 자.

〈지나치게 낙관적인 변신 이야기〉라고 나는 중얼거린다. 외포의 갈매기들이 부리를 적시는 저녁에, 나는 더 이상 먼바다에 대해 말하지 않는다. 근해에 저물어가는 수평선. 까마득한 상공의 구름이 작은 빗방울로 변신하는 순간에, 나는 비상구 앞에 멈춰 움직이지 않는 구두.

내 몸은 불꺼진 방에 안장된다. 지상의 빛이 녹아 사라진 시간, 문득 눈을 뜨면 내 곁에 누군가 모로 누워 있다. 나는 짐짓 무심한 표정으로 그를 깨운다. 이봐, 누군가 널 부르는군. 창 바깥, 지나치게 낙관적인 하늘에 비는 내리는데.

몽매한 즐거움으로 한 生을
—— 코끼리군의 엽서

　미안하다. 아주 정교한 자세가 필요하다는 걸 모르지는 않았지만, 때로 터무니없이 이상한 평화가 저녁 구름과 더불어 흘러오는 거야. 왜 어쩌지 못해 비 뿌릴 듯한 그런 안쓰러운 날씨처럼. 아주 단순한 욕망을 이기지 못해 저기 차도로 뛰어드는 고양이. 상상해 보게, 치명적인 것들이 귓전을 스칠 때는 소리조차 없는 법이지만 때로 그런 정적 속에서 맛보는 황홀한 절정을 혹시 아는지.

　미안하다. 나야 몽매한 즐거움으로 한 생을 보내겠지만 가끔은 세상의 오래된 비밀이 내 어깨를 툭툭 칠 때가 있다. 아무도 기다리지 않는 결승점에 꼴찌로 도착한 마라토너처럼, 나는 무심히 돌아보지. 무심하지 않으면 어떻게도 할 수 없는 때가 있다. 어쩌면 모든 게 무효일는지도 모르는 거야. 무효일는지도. 미안하다. 다시 땀이 흐르는군. 아주 정교한 자세가 필요한 거야. 나도 잊지는 않고 있다. 날 용서해 다오.

내 사랑을 점촌 순이 사랑을

그리운 점촌은 나를 모르고 나는 그리운 점촌을 모르네 점촌 그리운 순이를 나는 모르고 점촌 그리운 순이는 나를 모르네 점촌 그 마을 점촌에 개꽃 피고 점촌 그 마을 점촌에 개꽃 지고 점촌에 그리운 순이가 웃고 점촌에 그리운 순이 사랑이 울어도 내 사랑 내 그리움은 개꽃 지나 순이 지나 개꽃도 순이도 없는 점촌 저 너머 흘러가네

점촌 순이가 모르는 사랑이 개꽃 피는 점촌엔 없고 내 사랑 내 그리움이 개꽃 지는 점촌엔 없어서 개꽃 지나 순이 지나 점촌 너머 저 너머 나는 가네 그리운 점촌이 나를 모르고 내가 그리운 점촌을 모르는 것은 점촌 그 마을 점촌에 내가 모르는 순이 사랑이 그리운 개꽃처럼 피고 지기 때문은 아닐 것이다

3

정주역

 이미 놓여 있는 궤도를 따라가는 여행. 나와 같은 궤도로, 너도 핑핑 돌고 있지.

 역사를 나오면 어디든 사람들이 보이고, 사람들은 또 가판대에서 석간을 살 뿐. 그걸 깨닫기 위해,
 나는 너무 오랜 시간을 기차에서 보냈다.
 석간 기사 안을 소리 없이 통과하는 내장산행 막차.

 行間 속으로 들어가면 뭔가 보인다고 믿던 때가 있었다. 신비주의는 삶을 유연하게 만들지. 그런데 이를 어째, 여긴 왜 아무것도 없는 거야. 곁길. 혹은 길 바깥만 있네.
 가령 사슴 싸롱. 정주 여인숙.

 그 뒷골목. 내 사랑.
 그대와 청소년 금지 구역에 들어가는 게 목표였던 아, 그리운 한 시절. 금지된 저 너머에서만이 세계가 이루어진다고 믿던 때. 근데 믿음이 생을 망쳐요. 이루어지는 순간이 바로 종말이지.

종말은 정말이지 순식간에 온다. 내가 당신을 사랑한다고 믿는 순간에, 그 사랑이 끝이었어. 이를 어째, 여긴 또 왜 아무도 없는 거야 온통 비어 있네. 내장산행 막차는 떠나고 나는 제자리에 주저앉는다.

그러므로 아무도 없는 몇 편의 드라마를 석간 신문은 보여주는 것이다. 가령 사회면, 애인을 살해하고 자살한 朴某氏(29)의 1단짜리 평생.
내장산. 어둠에 잠겨 보이지 않는 2면.
지워진 생애들이 몇 줄의 문장으로 정리될 때, 나는 신문의 시학을 외경에 가까운 심정으로 읽는다. 아아, 이게 해탈이군.

물론 아무도 行間은 읽어주지 않는다. 뻔한 〈사이〉들만 창궐하는 정주역 부근. 허리를 껴안은 저 남녀들은 모두 노골적이다. 뼈가 다 보인다. 하지만 오늘은 저 흰 뼈들로써 아름다우니, 저기 아득히 손 들고 하늘을 우러르는 겨울 나무들.

용서해 줘. 나는 行間만으로 너를 이루려 했지. 누군가 키 작은 시계탑에 기대 길 끝을 보고 있다. 그를 실루엣으로 만드는, 모텔 캘리포니아, 라고 적힌 붉은 네온.
 사람들은 신문을 접어들고 정류장을 떠난다. 막차는 이미 지나갔다.

 다만 저무는 어느 날, 나는 결국 안개 낀 내장산을 흘러갈 것이다. 이기적인 몸, 어디다 부리고 보면 제일 편한 곳이었지. 새벽의 자욱한 行間을, 나는 안개가 되어 거니는 것이다.

눈밭에 서 있는 남자

 시간이 액자처럼 걸려 있었다. 사내는 뒷걸음질 치고 싶었으나 벌써 키 작은 풀잎들은 눈밭에 묻혀 있었다. 바람은 예상하지 못한 곳에서 그렇게 사라지는지, 비도 눈도 내린 기억이 없다. 그때 거리엔 수 년만에 내린 폭설로 몇몇 받침이 약한 차양이 부러졌던 모양이다. 일정한 간격으로 생겨난 눈의 무덤에 발목을 묻으며 그는, 저 혼자 라이브 공연하는 봄 철쭉, 봄 철쭉을 상상하며 웃었다.

 이건 어이없는 모노드라마군. 사내는 부러진 의자에 앉는다. 결국 이 눈밭에 서 있던 것은 가건물이었을까. 하염없이, 은유로 쌓이던, 정원의 사랑. 오랫동안 칩거했던 그 집은 낮은 천장을 가지고 있었으며, 그는 혼자 누워 오래 숨을 멈춘 채 잠들곤 하였다. 바깥에 바람이 불거나 비가 내렸을 것이다.

 집은 헐렸다. 그것은 빠른 시간이었다. 여긴 어디지? 텅 빈 눈밭에 서서 그는 그 집의 허공을 신비한 자세로 이동하던 빛들을 떠올린다. 나는 다만 굴복하고 싶었지. 사내는 표정 없이 웃는다. 깨진 거울들 몇 개 부옇게 흐려져 눈밭에 꽂혀 있었다. 저, 난반사하는 생. 이제 무언

가 그를 덮칠 것 같다. 갑자기 격렬한 웃음을 터뜨리는
사내 위로, 핀 조명, 서서히 저문다.

정지 화면 속에 부는 바람

바퀴벌레, 내 시선에 갇혀 문득 멈춘, 나른한 빛으로 팽팽한, 저렇게 한세상으로 순간 정지한, 내 텅 빈 방 모노륨 위의 저, 저, 다시없는 고요. 그러므로 오후 네시 아득한 정적의,

나의 운명은 체제지향적이다. 감홍색 물감 속에 순하게 묻혀가는 일생의 석양. 이럴 때 태양은 단 몇 개의 어휘로 정리될 수 있는 아름다운 비문 같다. 가령, 그는 일생에 남길 것 없이 영원으로 사라지노라, 따위.

시시한 은유, 일생의 석양. 모든 석양은 오직 그 하루의 석양이다. 그러나 내겐 그대에게 굴복할 정직한 육신이 없네. 어지러운 거리, 펀치드렁크에 걸린 삼류 복서처럼 흔들려. 흔들리지 않기 위해 이 두근거리는 적막을 향해 몇 차례 잽을, 잽을, 잽을 날려볼 뿐인데.

이상하군. 어느 순간 온몸의 힘이 풀어질 때, 문득 정지한 청량리 길 끝으로부터 불어오는 황혼의 바람 속에 무방비로 서 있을 때, 나른한 빛으로 팽팽한 저녁의 고요, 고요 속에 멍하니 서 있는 이 정지 화면 속에서.

개인적인 불행

내 몸은 낯선 구름 위에. 네가 다른 시간의 너인 듯 나를 지나간 후 자꾸 뒤돌아보는 버릇이 생겼어. 가을 단풍이 추락하고 난 새벽의 횡단보도, 바로 그 자리를 시속 120킬로로 통과한 왜건에 의해 한 사내, 문득 정지 포즈로 허공에 떠 있었지.

그건 내가 우연히 밤하늘을 바라볼 때 이백오십만 년의 어둠을 지나와 내 눈에 꽂혀버리는 별빛 같은 것. 누군가 나를 불러 뒤돌아보면, 누군가 그의 기나긴 내력을 찬찬히 얘기해 줄 것 같아. 허공에 떠 있는 사내는 아직도 어제 본 동물도감의 짐승들을 생각하고 있을까.

새벽과 또 머나먼 가을 사이에 떠 있던·그 사내, 나는 오늘도 저 오래전의 별빛과 온전히 무관하네. 그 빛이 우연히 나를 통과하고 간 후 나는 잠시 뒤돌아보았을 뿐. 그러므로 모든 것은 개인적인 불행, 그리고 밤하늘을 바라보면 그곳은 텅 비어 떠 있기 좋은 허공.

바지 입은 구름*

나는 바지 입은 구름,
형체를 지니지 않습니다
때로 가을 하늘 선선히
산책하기를 즐기지만
나는 바지 입은 구름,
문득 어두워져 가는 몸과 더불어
그대 곁을 떠도는
황혼의 그림자입니다
때로 흐린 공기 저편으로
그대 여윈 손을 넣어보시길
그리고 천천히 그대 손가락 사이로
흘러다니는 구름의 몸,
몸의 구름,
아무런 형체를 지니지 못한
그 허량한 마음을 바라보시길
바지 입은 구름과의 휘파람,
바지 입은 구름과의 노래,
어느덧 한 사내의 일생이
흘러다니는 저녁 하늘
스스로를 이기지 못해

이제 그대 발목을 처연히 훑는
소슬한 저 가을비 속을
그대는 거닐어보시길
나는 바지 입은 구름, 물의 몸을 지녀
몇 번의 출렁임으로도 곧
쏟아질 듯한
나는 바지 입은 구름

* 〈바지 입은 구름〉은 열혈 마야코프스키(1893-1930)의 장시 제목. 그와 완벽하게 무관한, 나의 형식. 바지 입은, 구름.

구름의 전사
―― 金洙暎과 함께

나는 그대를 그대는 구름을 구름은 다시 그대를
천천히 통과하는 오후. 너는 이제
날 만지지 말라 나도 너를
다시는 만지지 않겠다.

어느덧 먼 구름 저쪽
석양이 내리는 빌딩 숲 너머에서
슬로모션으로 떠오르는 붉은 헬리콥터,
나를 향해 소리 없이 기총 소사하는.

나는 꽃으로 피어 난무하는 총알들을 피하는 자.
나의 〈매트릭스〉, 나의 모태는 이 부드러움이야,
이 부드러움 안에서 나는
하염없는 죽음의 풍경과 만난다.
헬리콥터, 헬리콥터, 그대는 무차별
난사해 다오. 투하해 다오.

먼데서 몰려오는 검은 비는 허공을
허공은 바다를 바다는 제 몸의 심연을
고요히 통과하는 밤.

어느덧 심연의 그대가 다시 나를 향해
천천히 떠오르는 풍경.
진주만 공습의 낡은 필름처럼
소리 없이 다가오는 헬리콥터.

그대도 시뮬레이션인가? 나는 다만
속이 보이는 짐승처럼 불켜고 누워 있는 건물들 사이로
천천히 돌아가는 바람.
이제 먼 하늘 구름을 통과하는 새의 부리가
천천히 클로즈업되는 자정,
제 몸의 끝, 그 단단한 첨단에 온몸을 걸고
혼자 구름을 통과하는 새.

의심의 여지가 없는 겨울 잎

나는 뚜레쥬르 베이커리를 지나간 것이다. 뚜레쥬르 베이커리를 지나가는 하오의 육신 쪽으로 수직 낙하하는 겨울 잎, 겨울 잎 안에서 천천히 사라져간 햇빛도 있었던 것이다. 물론 나는 내가 겨울 잎의 풍경 속을 지나간다고는 생각지 못했으나.

그것은 무성하고 울울한 저 너머, 횡단보도 앞에서 푸른 신호를 기다리는 여자가 오래도록 통과할 숲의 풍경. 나무에 깃들여 사라진 벌레들을 나는 보지 못했지만 스케이트보드를 타고 지나가는 아이의 어젯밤 꿈속을 나는 거닐었는지도. 말하자면 그 꿈속의 눈 내리는 거리를.

그러므로 이곳은 겨울 잎과 햇빛과 벌레들이 이루는 세계. 뚜레쥬르 베이커리의 문을 열고 나오는 늙은 사내는 어젯밤의 아주 쓸쓸한 수음에 대해 생각했던 것이다. 그와 나는 떨어지는 겨울 잎에 눈을 두고 지나쳐갔으나, 우리가 그 겨울 잎이 기억하는 햇빛과 벌레와 바람을 떠올렸던 것은 아니다.

하지만 의심의 여지가 없는 겨울 잎. 십일월의 하오, 뚜레쥬르 베이커리 앞으로 수직 낙하하던 잎새가 내 생에 무성하여 다시 의심의 여지가 없는 나무와 나뭇잎. 그 잎 속으로 천천히 사라진 햇빛도 그대의 생에는 있었던 것이다. 그러니까 아무래도 의심의 여지가 없는, 저 꿈속의 눈 맞는 겨울 숲이.

위험한 정물

이 고요한 낙하,

그대의 몸을 허공에 띄운 것은 그대의 날개가 아니다
어느 날 오후에는 이해할 수 없는 일들만 일어나고
그대는 다만 수많은 창문들이 반사하는
이 신비한 햇빛의 내부가 궁금했을 뿐

위험한 정물,
그대는 아주 오랫동안 잊고 있던 그대의 리듬을
가까스로 생각해 낸 것인지도 모른다 어쩌면
그대에게 가장 알맞은 자세가 이런 것이었음을
이제야 깨닫고 있을는지도

롤러블레이드를 타고 질주하는 소년들,
그대의 자리에서 보면 저 아래 환한 아파트촌의 거리,
의아한 표정의 소녀 하나가 다만
그대의 고요한 낙하를 주시하고 있을 뿐

그대가 느끼는 햇빛의 내부,
약간의 바람과 약간의 추위를 그대는

이해하고 있는 것이다 이해하고 있는 것으로부터 끝내
공포를 느껴본 적이 있는가 그대는
조금 웃는다

어느 날 오후에는 이해할 수 없는 일들만 일어나고
그대는 문득 저 나른한 햇빛의 내부가 궁금했으니
종암동 신축 아파트에서 낙하하는
가볍고 흰 종이 비행기처럼

절정

 그때 나는 혼자였다. 눈은 내려서 빨리 녹는다. 여자의 어깨에 눈은 쌓이지 않고 바로크풍의 과거가 그녀의 외투처럼 버려져 있다. 야 이 씹새끼야 니가 도대체 뭔데. 여자의 외투가 풀썩일 때 쌍년 쌍년, 사내의 욕설이 사납게 거리에 흩어진다. 여자는 아무것도 두려워하지 않았지만 택시들은 텅 빈 거리를 질주했다. 시간은 결국 흘러가더군. 사내의 주먹이 여자의 뺨을 쳤을 때 누군가 내 곁을 지나며 중얼거렸다. 창창한 나날들이지. 생의 클라이막스엔 언제나 과거도 미래도 없으므로. 나는 그의 중얼거림을 따라갔다. 그의 한쪽 무릎은 허공에 떠 있었고 발자국 하나를 지탱하는 목발의 흔적이 그를 쫓고 있었다. 여자의 비명은 뒤에 남아 아늑했지만 이미 거리에서 그녀를 살아 있게 하는 것은 적막뿐. 자네는 돌아가게. 절정을 지나고 나면 돌아보는 일은 언제나 망연할 뿐. 그의 흔들리는 등이 멀어져 가고 하늘에서는 쌍년, 쌍년, 눈발들이 아득히 날리고 있었다. 바로크풍의 거리, 모든 윤곽들이 서서히 지워지고 있는.

리얼리스트

 오늘은 가을과 가을 사이 가로수들 젖은 머리 풀지 내일은 겨울과 겨울 사이 늙은 정치가는 선언문을 낭독하지

 또 어리둥절한 아침을 지나자 거리엔 수많은 여자들이 피어나고 너무나 당연하다는 듯이 모닝글로리의 아이들은 보이지 않게 죽어가고 횡단보도를 건너는 늙은 여자는 한 걸음을 옮길 때마다 최선을 다해 침묵하지

 당연하다는 듯이 관광 버스는 人道의 여고생들을 향해 질주하지 않고 당연하다는 듯이 여고생들은 웃음과 욕설을 그치지 않고 당연하다는 듯이 먼 그대의 자살 소식은 들려오지 않고 오늘은 당연하다는 듯이

 이 거리엔 상상하지 않은 일들만 일어나네 잠깐 고개를 돌리면 지나치게 현실적으로 존재하는 저 어리둥절한 풍경 앞에서 다시

 오늘은 가을과 가을 사이 가로수들 젖은 머리 풀고 내일은 겨울과 겨울 사이 황금박쥐는 개봉되지 저기 누군가 아주 현실적인 혜화동의 오후에 주저앉아 문득 웃음을 터뜨릴 듯한데

녹는 사람

어느 날 손톱 끝이 아련해진다.
이상한 향기와 더불어 가을이 갔다.
어느 날 손가락이 허물어진다.
가을은 가고 멍하니 부는 바람,
창밖으로 서부극의 음악이 들려왔다.
어느 날 내가 무른 발목을 어루만지고 있을 때,
건너편 아파트 11층에 걸려 나부끼는 근조등.
그리고 내 무릎이 몹시 아득해지던
그리고 다시 어느 날,

창밖에 명멸하는 홀로그램들,
세계를 구원하는 아름다움,
나는 신비주의를 혐오한다.
구름의 형식을 이기지 못해 제 몸을 얻은 눈발들은
제 몸이 의탁한 바람에 대해 곰곰 생각하고 있을는지.
리비아의 사막에서 사살당한 테러리스트와
내 어두운 어머니.
그리고 다시 새벽 네시의 조간,
나는 일렁이는 모래 바다를 생각했으나

더 이상 서부의 눈은 내리지 않았다. 문득
겨울 바다에 나부끼며 자살하던 눈발들은
생각난 듯 잠시 물 위에 머문다.
나는 아주 부드러워진 몸을 욕조에 담그고
가장 먼바다의 한 순간을 생각한다.
가장 가난한 유물론과,
가장 가벼운 그의 리듬에 대해, 그리고

창밖 공원에서 한 여자, 한 남자의 뺨을 때릴 것이다.
한 남자의 뺨을 날카롭게 지나가는, 한 여자의 어둠.
허공을 가른 손목이 점점이,
물속에 흩어진다. 그 물속에 아주 잠시 떠오르는
서부의 달빛, 빛 속으로 조용히
녹아가는 사람.

낯익은 뒷모습

 한 떼의 오토바이들이 붉은 등을 매달고 사라졌다. 우성운수 택시 기사가 길 끝을 향해 가운뎃손가락을 내밀었다. 나는 약간 지루한 음악을 듣고 있었다. 하지만 비는 내리다가 간혹 그쳤으며 교회 담 아래서 울고 있는 사내도 있었다. 몇몇 여자들이 웃으며 지나갔지만 사내의 등은 여전히 그곳에 고여 있었으며. 저 者의 뒷모습은 몹시 애처롭군. 누군가 사내의 등에 동전을 던지며 비아냥거렸다. 혐오스러운 것을 향해 연민을 던지는 것은 그의 천성이 아니었으므로. 약간의 불운이 있었겠지만, 저 사내의 텅 빈 등이 이 거리와 필연적인 관계가 있는 것은 아니다. 어쩌면 잠시 후, 울던 사내의 입에서 낮은 톤의 휘파람이 흐를는지도. 그것은 무언가를 결정한 자의 음색으로. 그의 휘파람 속으로 한 떼의 오토바이들이 전조등을 휘날리며 돌아온다. 우성운수 택시 기사의 가운뎃손가락은 아직 기어 핸들에 놓여 있다. 나는 약간 지루한 음악을 듣고 있었다. 하늘은 여전히 깊어 어두웠으나.

감자에 싹이 나고
——코끼리군의 엽서

　모든 것은 취소되었다. 나의 신상은 평안하다. 감자에 싹이 나고 잎이 나고. 때로는 무언가 결정해야 한다고 생각하기도 한다. 요즘엔 LG 25시의 불빛만큼 적요한 것은 없어. 감자에 싹이 나고 잎이 나고. 문득 아주 오래된 안개가 아주 자연스러운 자세로 도시를 감싸는 풍경을 생각한다. 다만 감자에 싹이 나고 잎이 나고. 여자 아이들의 시간이 건들거리며 LG 25시의 적요를 걸어나온다. 아무것도 느낄 수 없을 만큼 조용히 지나가는 새벽이란 것은. 여자 아이들의 마르고 흰 다리가 어둠 속의 휘파람과 더불어 사라져가는 것처럼. 알고 있다. 이 시간에 관해서라면 약간만 익숙해지면 된다. 다만 감자에 싹이 나고 잎이 나고. 모든 건 취소되었다. 나의 신상은 평안하다. 다만 자세를 좀 바꿀 수 있다면. LG 25시의 불빛은 다시 저렇게 고여 있다.

꽃과 그림자

2000년 4월 어느 날, 삼성전자 서비스 센터 앞에서 지하로 뚫린 전철역 입구를 내려가다가, 한없이 내려가다가, 그 가장 아래 계단 오른쪽 구석에서 당신은,

당신이 생애 단 한번도 보지 못한 꽃이 돌 틈으로 피어나는 광경을 목도한다. 당신이 본 것은 피어난 꽃이 아니라 꽃의 피어남, 그러므로 믿을 수 없는 것은 한없이 지하로 뚫린 4월의 아침이었다.

그 꽃/이미지에 의해 당신은, 한 순간 굳어버린다. 그때는 당신의 시계가 AM 07 : 45에서 깜빡이고 있던, 그것이 마치 심장 박동처럼 당신을 깜빡이게 하고 있던, 그 박동 속으로 저속 촬영의 사람/이미지들이 흘러다니던,

그런 시간이었다. 문득 멈춰선 당신, 무슨 생각이 들었는지 당신은, 아무도 모르게, 피어나는 꽃의 이름을 부른다. 당신의 입에서 지나치게 낯선 발음으로 흘러나온 그 이름은 언젠가, 아주 오래전 언젠가 오랫동안 그리웠던 것이었지만, 그 그리움에 의해 잠시 정겨웠다는 사실만을 기억할 수 있을 뿐.

당신은 그 이름 앞에 잠시 망연하다. 그리하여 꽃/이미지가 이루는 한 세상 앞에서 당신은, 당신을 스쳐간 수많은 현현의 순간에 대해 생각한다. 가령 어떤 적요의 풍경 : 하오의 잡담 속에서 문득 떠오른, 아주 오래전 어느 새벽 거리의 느낌 : 새벽 거리의 저 끝에서 고독한 자세로 천천히 다가오던, 안개의 향기. 드디어 당신은 약간 웃는다.

그리하여 4월 어느 날 아침 지하철역의 당신은, 천천히 꽃/이미지를 향해 다가간다. 다가가서, 사람들/이미지와 꽃/이미지 사이에 선 당신은, 고요하고 빠른 손놀림으로 꽃, 그 유현한 피어남을 꺾는다.

누군가 당신을 보았다면 〈잔인하다〉고 말할 수도 있었으리라. 그러나 잠깐 흘러가는 풍경처럼 웃는 당신. 꽃/이미지를 지하의 허공에 흩뿌리는 당신. 망연히 웃으며 천천히 굳어가는 사람처럼.

뱀파이어와의 낭만적인 인터뷰

어쩌면 모든 게 지나치게 단순한 것이었는지도
모른다 다만 최악의 상황이란,
상황이 전혀 바뀌지 않았을 때라는 것

좋지 않은 예감에 시달리는 밤에는 편지를 써
서울로 소렌토로 성 프란체스코로
성 프란체스코로 소렌토로 서울로
부디 흐르는 자에게 축복을 내리는 비에는 평화를

나는 흐르는 것들의 스파링 파트너,
영원한 복고풍이지 고딕의 건물들 사이로
말없이 제 몸을 굴리는 페트병들
좋지 않은 예감에 시달리는 밤에는 편지를 써 편지를

나를 사육하는 것은 정확하게 다가오는 밤과 낮의 경계,
나는 지하도와 상가와 간판들 사이에서 방금 사라진
오래된 중세를 찾아 두리번거리네
나는 웃으며 호러풍으로 흐르는 구름 아래 거닐었으니

어쩌면 모든 게 지나치게 단순한 것이었는지도, 혹은

최악의 상황이란 상황이 전혀 바뀌지 않았을 때라는 것
한번도 내게 사랑을 주지 않은 자들에겐
절대로 죄짓지 않겠노라, 중얼거리는 내 단단한 입술

그러므로 이젠 病의 스트럭춰만 보여,
하루 종일 일생을 복기하는 노인네처럼
죽은 바둑돌들을 올려놓는 자들의, 그러니까 저기,
약국 앞을 종생토록 지나가는 저 어이없는 자들의,

그렇군, 오늘도 다만 지극히 단순한 하루일 뿐
어쩌면 모든 게 착란에 불과했는지도
하지만 좋지 않은 예감에 시달리는 밤에는 편지를 써
서울로 소렌토로 성 프란체스코로
성 프란체스코로 소렌토로 서울로

폐쇄적 풍경

나는 잠시 숨을 멈춘다. 이제 정지 자세의 바람. 그리고 저 먼 위쪽에서 무언가를 탁, 닫는 힘.

나는 약간 흔들리며 떠오르는 나무 안의 구름 속으로. 다시 구름 안의 바다를 향해. 이건 지루한 게임이군. 나는 잠시 눈을 감는다. 보이지 않는 것들에겐 또다른 세계가 있지. 가령 지금 창밖의 허공에서 수많은 귀를 향해 날아가는 목소리들. 집요하게 허공을 건너가는 수많은 그대들의 수많은 목소리들. 나는 잠시 이곳에 있고 그대는 잠시 그곳에 있다는 것. 이게 우리의 약력이다. 지금 혀는 부드럽고 이빨은 단단할 뿐. 그러므로 나는 잠시 귀를 막는다. 천천히 번져오는 어둠. 그래, 아무리 집으로 돌아가도 바깥인 거야. 금치산자들이 비 내리는 버스를 기다리고 있네. 이곳에 부피 같은 것은 처음부터 없었을는지. 저물어가는 시선에 의해 이것은 나무, 저것은 돌. 저것은 돌, 이것은 나무. 어디선가 나를 눈치 챘던 자들이 웃고 있군. 제발 사라져줘. 나의 밤은 당신의 낮보다 추악하여 아름다웠지. 이제 나는 절벽을 상상한다. 다만 내 마음의 주단을 깔고 나는 저 허공으로. 문득 이것은 돌, 저것은 나무. 저것은 나무, 이것은 돌. 내부가 환히 보이는 집이 저 텅 빈 바람의 한가운데 조용히 놓여 있네. 이제야 이빨은 젖어들고 혀는 천천히 단단해지지. 나의 목으로는 내가 한번도 들어보지 못한 바람 소리 떠돌고. 내 생에 수없이 겹쳐 있는 풍경들 속으로 단 하나의 풍경이 떠오를 때, 나는 천천히 고개를 든다. 그때 저 먼 위쪽에서 무언가를 탁, 닫는 힘.

그리고 암전, 기나긴. 아, 이제야 나는 끝내 숨을 멈춘다. 그래, 저건 바람이었군. 바깥엔 바람이 불고 있어.

코끼리
──L에게, 마지막 엽서.

코끼리를 천천히 허물어지는 코끼리를
그대는 본 적이 있으십니까. 그날 저녁
14인치 브라운관을 황홀하게 적시던 사바나의 석양과,
코끼리의 한 생 너머에서 이제야 다른 생을 꿈꾸듯
너울거리던 코코야자수들의 풍경을
그대는 본 적이 있으십니까. 그의 거대한 육체가
황폐하지 말라 황폐하지 말라 중얼거리듯
무심하지만 지극히 섬세한 자세로 무너져가는
그 아늑한 풍경을,
멀리 있는 그대는 본 적이 있으십니까.

이제 천막 바깥은 간신히 기억해 낼 수 있는 이름들처럼
잦아들고 잦아드는 섬들. 그렇군요,
보도블럭을 들어보라 그곳에 해변이 있다,
라는 저 불란서 68세대의 구호에는 이상한
미신이 스며 있습니다. 迷信. 혹은 迷路.
헤매면서 붉어가는 바다에 일렁이는 섬들.
지금 인천에서 출항하는 바지선에 시선을 두고
온 밤을 침묵으로 소진하는 사내에게도
미신은 있습니다. 그의 술잔에 떨어지는

쓸모 없는 유성 하나. 그리고 그만두라, 그만두라,
중얼거리듯 황혼은 부두 쪽의 검은 공장들 뒤로
인천 하늘을 무심히 적십니다.

문득 그의 일생을 관통한 납탄이
아주 오랜 세월의 오장육부를 지나 천천히
의탁할 무엇도 없는 황홀한 황혼으로 내리는 풍경을
그대는, 그대는 본 적이 있으십니까.
그토록 강인하면서도 부드러운 다리가
그토록 섬세하게 구부러질 수 있다는 것을 믿기 위하여
누군가는 이 황혼녘의 부두로 스며든다는 것은.
그러므로 멀리 있는 그대여 그대 멀리 있는 이여,
가장 단순한 자세로 무너져가는 것들을
무심히 바라보시길. 서해 바다의 브라운관 속에서
처연히 무너지는 것들을, 무너져서, 무너짐으로써,
고요히 무너져가는 것들을.

나뭇잎 사이로

겨우 가지를 떠난 나뭇잎은 간 길을 다시 가지 않는다 그의 자세는 내가 그대를 향해 다시 쓰는 엽서와 같지 않아서 세상의 어느 나뭇잎과도 같지 않은 그의 자세를 이루는 것이다

가령 세븐일레븐을 나와 내가 우연히 어두운 하늘을 올려다볼 때 가는 비 내리는 그 표정에 대하여 내가 그대에게 말할 수 있는 것은 단 한마디도 없는 것이다 그때는 혹시 저 남쪽 바다에서 태풍이 북상중일는지

어쩌면 아주 오래전 우리는 아무도 그토록 섬세하게 바라본 적이 없는 시선으로 바람의 표정을 관찰했는지도 모른다 그 바람 속으로 어느덧 나의 잠은 그대의 잠과 함께 떠났으나

우리는 저 나무의 저 잎새가 그리는 단 하나의 生에 대하여서는 결국 침묵할 수밖에 없었을 것이다 내가 그대에게 다시 쓰는 엽서는 세븐일레븐 곁의 바람 속으로 떠나는 저 나뭇잎의 자세와는 결국 같지 않아서

끝내 그의 유일한 자세 속으로 태풍은 천천히 스며들 것이다 남쪽 바다의 파도와 수평선이 천천히 일어설 때 저 나무의 저 잎새가 그리는 유일한 자세만이 가장 높은 곳에서 부서지는 물보라를 생각하고 있는 것이다

상투적

눈을 뜨면 몇 개의 상투적인 기억, 지나간다.

지나간다, 기억. 상투적인 상처였어. 그렇다, 모든 상처는 상투적이다. 상투적인 사내, 베개에 얼굴을 묻고 잠시 침묵한다. 머리맡 조간 신문은 은퇴한 야구 선수의 노후에 관한 기사를 싣고 있다. 그러니까 말야, 날 비웃지 말아줘, 내가 뭘 어떻게 할 수 있었겠어? 상투적인 사내의 상투적인 아침 식사, 생선뼈를 바를 때마다 상한 바람이 창밖을 흘러간다. 트럼펫을 불어줘, 상투적인 평생에 대해. 무언가를 정리한다는 것, 내내 이 앙상한 뼈들과 더불어.

어두운 빛, 내린다. 내린다, 상투적인 어둠.

지독한 더위야, 이 당대적 상투성의 거리. 오늘 교통사고 사망자 3명, 이라고 씌어진 시청 앞 전광판. 저 상투적인 죽음 속에 끼여든 수많은 평생. 밤마다 상투적인 사내, 상투적인 어둠 속에서 낯익은 표정을 지어 웃는다. 마일즈 데이비스의 트럼펫 사이로 그대의 얼굴이 보여요. 내 사랑 패, 경, 옥. 상투적인 사내, 잠시 숨을 죽이고 상투적인 사랑을 생각한다. 은퇴하고 싶어. 영원히. 길고 지겨운 침묵이 천천히 상투적인 밤을 흘러간다.

상투적인 사내, 문득 참을 수 없는 울음, 터뜨린다.

호명

그대는 바람 불고 그대는 비 내릴 때,
나는 그대를 부를 것이다 단 하나의
가지 끝으로부터 단 하나의
꽃잎이 조용히 멀어지는 순간,
멀어지는 꽃잎이 일생을 다해 긋는
부드러운 선과 더불어
그대가 바람 불고 그대가 비 내릴 때,
나는 그대를 부를 것이다

그대의 위태로운 자세를 위해 문득
텅 빈 배후를 제공하는 하늘,
나의 사랑은 그런 것이다
청계천 육교 아래의 저 기나긴
밤, 거리, 가로등, 약국, *
그리고 약국, 가로등, 거리, 밤,
생후 아주 오랜 시간을 지나 그대가
이제야 겨우 주위를 두리번거릴 때,
나는 가장 건조한 음색으로 그대를 부를 것이다

누군가 그대를 불렀다고 생각하여

그대가 천천히 고개를 돌리는 순간,
단 하나의 이미지로 정화되는 생
나의 사랑은 그런 것이다
밤, 거리, 가로등, 약국,
약국, 가로등, 거리, 밤
그대는 바람 불고 그대는 비 내리는
어느 순간,
그대는 가볍게 웃으며,

* 〈밤, 거리, 가로등, 약국〉: A. 블록(1880-1921)의 시구

내 잠 속의 모래산

1판 1쇄 펴냄 2002년 7월 18일
1판 5쇄 펴냄 2019년 12월 18일

지은이 이장욱
발행인 박근섭, 박상준
펴낸곳 (주) 민음사

출판등록 1966. 5. 19. 제16-490호
서울특별시 강남구 도산대로1길 62(신사동)
강남출판문화센터 5층(우편번호 06027)
대표전화 02-515-2000 / 팩시밀리 02-515-2007
www.minumsa.com

ⓒ 이장욱, 2002. Printed in Seoul, Korea
ISBN 978-89-374-0705-5 03810